Guide rapide
de la
matrice 3S

Dans la même collection :

Guide rapide de
confiance en soi
Guide rapide
d'auto-hypnose
Guide rapide des
petites pensées à emporter
Guide rapide
anti-stress
Guide rapide pour
arrêter de fumer

Guide rapide
de la
matrice 3S

Philippe Korn

« Le seul, le vrai, l'unique voyage,
c'est de changer de regard. »
-Marcel Proust-

Remerciements à
Jacqueline Mudry
et
Élisa Chaillou
pour leurs relectures
et leurs corrections.

Préambule

Bonjour,

Merci encore une fois de m'accorder votre confiance et votre intérêt.

Dans ma pratique en cabinet comme durant mes discussions à l'extérieur, il n'est pas rare de constater comme il est difficile pour ceux qui souhaitent effectuer un travail sur eux-mêmes, de trouver *les bonnes méthodes pour pouvoir progresser*.

J'ai comme exemple un monsieur qui après m'avoir raconté sa vie (plutôt triste) pendant plus de quarante minutes, est incapable de me dire la raison de sa présence dans mon bureau.

Ou que penser de cette dame qui pratique assidûment le yoga depuis vingt ans mais qui exprime toutes les deux phrases des névroses surdimensionnées ?

Progresser ? J'entends par là tout simplement avancer vers ce qu'on souhaite de positif : se soulager d'un mal, améliorer des performances sportives, ou intellectuelles, apprendre quelque chose de nouveau (y compris et surtout à propos de soi-même), etc.

Les bonnes méthodes ? Je devrais plutôt écrire, la méthode qui convient spécifiquement à chaque individu. Il en existe des centaines, mais elles ne conviennent pas à tous les caractères, ni à toutes les situations[1].

Ces pages ont pour vocation de vous aider à vous orienter le plus facilement possible vers ce qui va vous convenir. C'est au moyen d'un petit exercice de réflexion très simple, que je vous propose de comprendre le point de départ de vos soucis ou de vos besoins et de vous donner des pistes utiles à votre cheminement à venir.

Vous limiterez ainsi les pertes de temps (et d'argent), le découragement ou les doutes qui peuvent surgir lorsqu'on se perd à expérimenter des techniques inappropriées.

Vous avez décidé d'entreprendre votre voyage vers « du mieux », je vais donc vous aider à choisir les bonnes chaussures pour arpenter ce chemin.

Philippe Korn

---

[1] Et si on vous prétend le contraire, méfiez-vous…

Le développement personnel

À ma gauche : une société construite sur la compétition, la vitesse, la technologie, le paraître, le prêt-à-penser et les pressions sociales, financières, écologiques et politiques.

À ma droite, un bric-à-brac insensé de gadgets en tous genres pour vous donner l'illusion de tenir le coup : téléphones mobiles dernier cri, influenceuses « hyaluronisées », images photoshopées, réseaux sociaux « miroirs aux alouettes », fantasmes professionnels, loisirs débilitants, fast fashion, etc.

Et comme le dit la chanson[2] : « au milieu de tout ça, y'a nous, y'a moi ».

Autour de nous, une grande majorité de personnes passera sa vie à croire que tout ce qui brille est en or, et je vais ajouter, tant mieux pour eux.

Une autre partie se dira toute sa vie : « c'est comme ça ».
Bon.

Mais une bonne partie de ces individus va connaître un « accident de la vie » (divorce, accident, maladie, chômage, trahison et j'en passe)

_____

[2] Bandolero : Paris Latino

qui va les précipiter souvent brutalement dans une réalité moins dorée.

Hélas, certains vont y sombrer, mais heureusement, d'autres vont découvrir leur capacité de résilience.

La résilience, c'est le pouvoir dont chacun dispose pour encaisser les coups, et se rétablir.

Cette aptitude à encaisser les chocs varie entre les personnes, mais elle peut s'entretenir et s'entraîner.

Parfois, une prise de conscience survient sans « accident », par exemple pendant la fameuse « crise de la quarantaine », ou lors de périodes singulières comme celle que le COVID nous a fait vivre.

Les confinements ont permis à beaucoup de personnes de réaliser la vacuité de leurs existences, la stupidité de leurs jobs, ou de comprendre tout ce qui peut leur manquer réellement.

Se confronter à des épreuves douloureuses justifie largement de chercher des soutiens, des conseils, des solutions pour se rétablir, si possible sans retomber dans le même contexte que celui à l'origine du problème.

> Un problème créé ne peut être résolu
> en réfléchissant de la même manière
> qu'il a été créé.
>
> -Albert Einstein-

Peu importe si votre raisonnement consiste à zoomer du très large jusqu'à vous ou à dézoomer de vous-même vers votre environnement : il ne faut jamais négliger les modifications salutaires à apporter au système dans lequel on vit.

C'est évidemment très pénible de découvrir que l'on a été exploité durant des années par un employeur, trompé par un(e) conjoint(e) ou trahi par des amis, mais si cela provoque une blessure insupportable, il faut alors envisager des moyens à la hauteur pour se relever et se rétablir.

Démissionner, s'éloigner de ses proches, changer de région, de métier, divorcer, etc. sont des décisions lourdes à assumer, mais souvent indispensables.

C'est rare qu'une boîte de pilules règle à elle seule le problème[3].

C'est aussi évident que ce genre de changement demande du temps, de l'organisation, de l'argent et des soutiens. Dans ce cas, l'impulsivité sera toujours une très mauvaise conseillère.

---

[3] Mais ça peut aider parfois.

Travailler sur son environnement ne doit pas vous faire négliger un autre aspect important dans la résolution des problèmes : travailler sur soi.

> Chacun pense à changer le monde,
> mais personne ne pense à se
> changer soi-même.
>
> -Léon Tolstoï-

Un aphorisme le confirme : « la seule chose que l'on puisse changer, c'est soi-même ».

Ne pas se remettre en question est la meilleure garantie de revivre perpétuellement des situations pénibles. Mais alors que faire pour progresser ?

On arrive là devant la boîte de Pandore du développement personnel.

*

Selon le dictionnaire :

Le « développement personnel » n'a pas de définition institutionnelle et cette formule peut être utilisée pour légitimer des méthodes très variées.

La notion de « développement personnel » recouvre plusieurs domaines, selon qu'elle est utilisée par des formateurs en management ou en vente, des promoteurs de philosophies New Age, certains courants du coaching, des éducateurs et spécialistes du travail, voire par certains thérapeutes.

Les techniques de « développement personnel » visent à la transformation de soi : soit pour se défaire de certains aspects pathologiques (phobie, anxiété, déprime, timidité, etc.), soit pour améliorer ses performances (mieux communiquer, gérer son temps, s'affirmer, entre autres).

*

Selon moi :

Le développement personnel permet de cheminer pour être en accord avec soi et son environnement.

C'est tout.

*

Vous comprendrez donc que, vus par le bout de ma lorgnette, ceux qui pensent que tout ce qui brille est en or sont des bienheureux sans besoin de cheminement ... Ils restent là où on les a posés.

La définition du dictionnaire relève bien le mélange de tout et de n'importe quoi que constitue le développement personnel, je crois cependant qu'une partie de cette définition est déjà erronée. En effet, il me semble incompatible de parler de développement personnel dans le cadre du management ou de la vente : c'est alors du développement d'entreprise, c'est faire de l'argent et formater les esprits.
Notez que ceci concerne aussi certaines religions ou philosophies et des mouvements plus ou moins nauséabonds.

*

Il n'est donc tout simplement pas possible de lister les outils disponibles pour « cheminer » tant ils sont disparates :
PNL, yoga , méthode Shutz, analyse transactionnelle, méthode Franklin Covey, MBTI, ennéagramme, hypnose, qi gong, TCC, Access Consciousness, bols tibétains, psycho généalogie, training autogène, pleine conscience, zazen, thérapie par les anges, psychanalyse, quantum

therapy, chant, sophrologie, ikigai, méthode
Tomatis, ho'oponopono, psychologie positive, yoga
du rire, chromothérapie, Reiki, CNV, protocole
Simpson, méthode cohérence, méthode Gestalt,
méthode alpha & you, zéro mental, constellation
familiale, etc.
C'est sans oublier tous les arrivistes qui
« inventent » tout et n'importe quoi pourvu que ça
fasse tourner le tiroir-caisse.
Et puis bien sûr il y a la religion, le sport, les loisirs,
l'art, et tout et tout.

Voilà : bonne chance pour vous y retrouver.

Pour commencer, vous pouvez écouter les
témoignages des gens autour de vous, en gardant à
l'esprit que ce qui convient à untel ne vous
conviendra pas forcément.
Ensuite, il existe des milliers de livres, de sites et de
forums pour vous documenter.
Freud a peut-être fait des dégâts en nous laissant
croire que tout vient de notre passé et de derrière
notre braguette.
Même si c'est assez vrai, je me retrouve aussi
souvent confronté à des client(e)s qui veulent
obsessionnellement s'inventer un traumatisme
dans leur enfance pour se justifier de leurs
problèmes. Ou à d'autres qui imaginent qu'en me
récitant avec force détails tout leur passé, celui de

leurs parents, des oncles, des voisins, des chats et des canaris, une illumination va surgir dans *mon* esprit pour les exorciser instantanément de tous leurs maux.

Un poncif commun à tous les thérapeutes d'internet est « les mots soignent les maux », oui mais bon, faut un peu se calmer : ces mots ne sont pas tous des péroraisons sans fin.

*

-Ma cliente, très fière[4] : « Je connais bien l'hypnose, j'ai fait 56 séances avec le *PAPE* de l'hypnose genevoise ! ».
-Moi : « Le Pape ? Ah... bon... Bravo ! Donc vous allez parfaitement bien, qu'est-ce qui vous amène ici alors ? »
-Ma cliente : « Euh... non... en fait, ça n'a pas du tout été efficace[5] ».

J'ai donc rencontré plusieurs personnes qui ont fait machine arrière après s'être engagées dans des soins ou des coachings qui ne leur convenaient pas, ou pire encore, celles qui, lasses de vains tâtonnements, ont renoncé à s'occuper d'elles-mêmes.

---

[4] Histoire véridique, bien entendu.
[5] Budget estimé : 7000€

Voilà pourquoi je souhaite vous proposer avec la matrice 3S une méthode très simple pour vous aider à mieux identifier votre besoin immédiat.

C'est d'une certaine manière « l'étape 0 » du développement personnel.

J'espère ainsi ajouter un peu de pertinence à vos choix.

*

La matrice 3S

Avant de commencer quoique ce soit, je crois qu'il est toujours utile de se poser des questions.
Des questions simples.

Le genre de questions dont les réponses seront évidemment tout aussi simples :

- Est-ce que j'aime mon travail ?
- Est-ce que je me sens heureux ?
- Est-ce que je me sens bien dans mon logement ?
- Est-ce que je me sens bien entouré ?
- Est-ce que j'aime la ville où j'habite ?
- Etc.

C'est avec ce principe que l'exploration commence.

Notre vie se déroule avec l'écoulement du temps. Bien entendu, nous vivons uniquement dans le présent, mais ce moment présent est la résultante de milliers de moments passés.
Et cet instant présent nous prépare à toutes sortes de projections plus ou moins concrètes qui sont autant de potentiels futurs.

Je vais maintenant piquer quelques idées à Abraham Maslow[6].

Et je vais très arbitrairement réduire son concept de « besoins fondamentaux » sous la forme de quelques cases à cocher :

- Êtes-vous vivant ? ☐
  Vous avez de l'air, de l'eau, vous faites vos besoins, vous pouvez manger, dormir, votre corps peut fonctionner.

- Êtes-vous en mesure de le rester ? ☐
  Vous avez accès aux soins, à un travail, à un logement, votre environnement est stable et sans menace imminente.

- Faites-vous partie de groupes ? ☐
  Vous êtes en couple, vous faites partie d'une famille, d'un groupe d'amis, d'un village, d'une association ou d'une entreprise.

- Êtes-vous remarqué dans ces groupes ? ☐
  Les autres vous respectent, vous vous sentez mis en avant, valorisé.

---

[6] Google est votre ami.

On vous donne des responsabilités, vous brillez par vos résultats.

- Avez-vous réalisé vos rêves ? ☐
  Vous avez accompli ce qui vous tient à cœur, votre travail et vos loisirs sont ceux que vous avez choisi, vous vous sentez épanoui et pleinement connecté à votre vie.

En principe, si vous vivez dans un pays occidental, vous avez pu cocher au moins les trois premiers points.

Si ce n'est pas le cas, vous êtes dans une situation très inconfortable qui nécessite peut-être avant tout de l'aide médicale, psychologique ou sociale. Pensez-y rapidement.

Ces cinq besoins fondamentaux sont ici uniquement à considérer comme un modèle pour soutenir votre réflexion au moment de remplir le petit tableau de la matrice 3S qui suivra plus loin. Il est en effet important d'user d'un minimum d'objectivité pour trouver ce qui va vous aider. S'étudier soi-même est difficile puisque par principe, on ne peut pas s'observer soi-même dans son ensemble.

> « Pour comprendre un système, il
> faut pouvoir s'en extraire. »
> -Bernard Werber-

Par exemple, au moment de réfléchir aux groupes dont on fait partie, on peut se souvenir de la trahison d'un camarade, du couple qui a échoué, mais aussi se rappeler qu'on a plein d'autres chouettes amis et un job où l'on s'éclate.

On peut aussi penser avoir un job de m**** tout en étant une personne de référence dans un loisir donné.

Ah oui, et puis… Un besoin *fondamental* n'est pas un caprice !

Votre bilan doit bien évidemment tenir compte du négatif comme du positif.

*

Un petit paragraphe concernant le cinquième point me semble aussi indispensable.
L'erreur majeure de beaucoup de gourous du développement personnel est l'injonction au bonheur, l'obligation de réussir ou de devenir parfait.

Horreur !

Et si aucun gourou ne vous influence, peut-être est-ce vous-même qui avez imaginé qu'il vous était indispensable de devenir exemplaire et infaillible ou d'atteindre un Nirvana clinquant.

Cessez immédiatement !

D'une part, la perfection, c'est la stagnation.
Ensuite, chacun peut décider de ce qui lui convient, même si cette chose est modeste, pourvu qu'elle lui corresponde. Vous le savez déjà certainement, dans la vie c'est le voyage qui compte puisque la destination est la même pour tout le monde.
La réussite n'est pas que matérielle et les rêves ne sont pas forcément délirants, donc prenez le temps de **fixer vos objectifs**[7].

Avec l'aide des besoins selon Maslow, vous allez maintenant caractériser les étapes de votre vie : le passé, le présent et les projections entrevues.

Puisque le futur n'existe pas encore[8], je crois en effet qu'il est plus juste de s'y projeter que de croire qu'on peut le voir.

---

[7] En annexe, découvrez 2 méthodes de détermination d'objectif.
[8] Enfin... jusqu'à nouvel ordre...

> "Pour ce qui est de l'avenir, il ne s'agit pas de le prévoir, mais de le rendre possible ».
> -Antoine de Saint-Exupéry-

Et puis « projection », ça comment par un « P » comme passé et présent : ce sont donc nos « 3P »[9].

*

Les trois caractéristiques que nous allons utiliser sont :

1. La Satisfaction.
   Il s'agit du sentiment de bien-être, du plaisir qui résulte de l'accomplissement de ce que l'on juge souhaitable.
   En clair, les choses se sont déroulées comme on l'a souhaité.
   La Satisfaction est donc l'attribut du passé positif.

2. La Sérénité.
   Selon le Robert, c'est l'état de ce qui est à la fois pur et calme. Dont le calme provient de la paix morale.

---

[9] C'est plus joli ☺

Synonymes : calme, confiance, paisible, tranquillité, cool.

Être en paix, serein, qualifie donc le moment présent. C'est la conclusion de la satisfaction par rapport à son passé. C'est ne ressentir aucune menace actuelle ou difficulté majeure.

3. La Sécurité.
   Conséquence de la sérénité, la sécurité est l'état d'esprit confiant et tranquille d'une personne qui se sent à l'abri du danger.
   Elle caractérise une approche confiante et positive des projections (le futur) envisagées.

*

Et voilà, nous avons nos 3P :
- Passé,
- Présent,
- Projection.

Et nos 3S :
- Satisfaction,
- Sérénité,
- Sécurité.

Nous allons maintenant assembler ces 6 éléments dans une grille.

	Passé	Présent	Projection
Satisfaction			
Sérénité			
Sécurité			

Et voici donc la matrice 3S : c'est ce petit tableau que je vous invite à retenir comme étape préliminaire à votre démarche de développement personnel.

Elle vous accompagnera aussi en chemin, sachant qu'elle peut parfois évoluer, se transformer pour vous aider à identifier un problème qui était passé sous votre radar.
C'est une chose qui arrive assez régulièrement : la prise de conscience en cours de route d'une difficulté qui était restée jusque-là inconsciente.

*

	Passé	Présent	Projection
Satisfaction	☺		
Sérénité		☺	
Sécurité			☺

1. Ci-dessus, la configuration idéale d'une vie heureuse.

Pour conserver cette agréable situation, vous pouvez pratiquer des activités qui consolideront vos acquis et vous aideront à détecter et prévenir les embûches.

Pour savoir si vous devez utiliser un ☺ ou un ☹ (vous pouvez évidemment vous contenter d'un + ou d'un -), réfléchissez simplement si vos besoins ont été assumés dans le passé et le présent et si l'avenir envisagé le permettra également.

Comme vous le constatez, rien n'est quantifié, tout est subjectivement binaire et qualitatif.
On ne parle que de votre ressenti passé, présent et probable, à l'instant où vous y pensez.
Nous verrons plus loin comment affiner ces auto-évaluations.

Il existe ensuite plusieurs variantes :

	Passé	Présent	Projection
Satisfaction	☹		
Sérénité		☺	
Sécurité			☺

2. J'ai réglé les problèmes de mon passé et ma vie actuelle me convient.

Pour éviter qu'un jour un squelette sorte malgré tout de votre placard, vous pouvez quand même choisir de remettre de l'ordre dans ces vieux problèmes.

	Passé	Présent	Projection
Satisfaction	☹		
Sérénité		☹	
Sécurité			☹

3. Mon présent est pénible, mon passé est douloureux (les projections deviennent donc logiquement hasardeuses).

N'hésitez pas à lister les épreuves vécues, ou ressenties, et à évaluer leur intensité de 0 à 10 comme on évalue la douleur à l'hôpital (10 étant insupportable)[10].
Ceci vous servira ensuite à juger de l'efficacité des changements que vous avez entrepris.

Cette liste va surtout vous permettre de choisir des méthodes appropriées pour progresser.
Souvent, il est préférable de travailler en priorité sur les difficultés du présent afin de le rendre supportable, et de s'attaquer ensuite en profondeur aux fantômes du passé.
Cependant, si vous vous sentez capable de le supporter, vous pouvez choisir de régler le passé

---

[10] Plus de détails page 65

afin d'obtenir, par un effet de chute de dominos, la sérénité dans le présent.
Gardez tout de même à l'esprit que cette façon de faire peut quand même être longue et difficile.

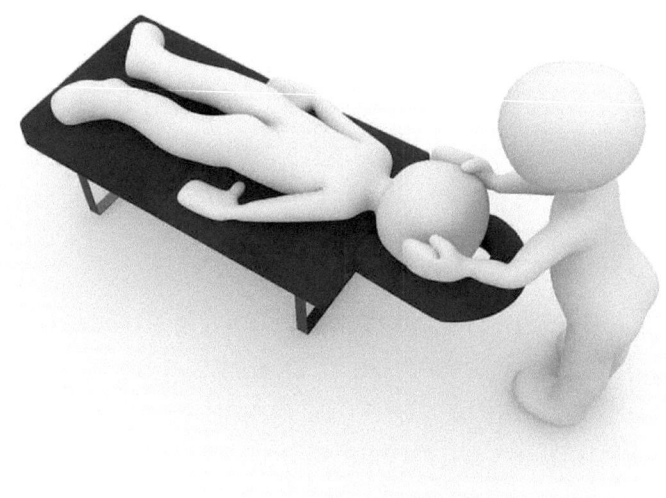

	Passé	Présent	Projection
Satisfaction	☹		
Sérénité		☹	
Sécurité			☺

4. La seule différence avec le point 3 est l'optimisme envers l'avenir, la foi, l'espérance.

Soit vous savez clairement ce qui va vous permettre de vous rétablir et vous avez le courage de patienter et d'agir, soit comme j'en parle un peu plus loin, l'espoir est pour vous le point d'appui de votre levier de changement.
Veillez tout de même à ne pas attendre une chose qui n'arrivera jamais ou à être la victime de promesses illusoires.

	Passé	Présent	Projection
Satisfaction	☺		
Sérénité		☹	
Sécurité			☹

5. Ma vie était agréable, mais un évènement vient de surgir qui me heurte et rend mon futur instable.

Inutile alors de consulter un psychanalyste.
Face à un incendie, on appelle les pompiers, on ne perd pas du temps à se demander combien il y a d'extincteurs dans l'immeuble, ni qui les a installés.
Vous pourrez alors avoir recours à des méthodes qui vont vous donner des réponses à mettre en œuvre dans l'ici et le maintenant.

	Passé	Présent	Projection
Satisfaction	☺		
Sérénité		☺	
Sécurité			☹

6. Jusqu'à maintenant, tout va bien, mais j'ai peur que...

Apparemment vous avez des angoisses.

Qu'est ce qui les justifie ?
Quelle menace approche ?
Est-elle concrète ou fantasmée ?
Proche ou lointaine ?
Si elle est concrète, quel sera son impact possible ?
Est-elle évitable ?
Si oui, comment ?

	Passé	Présent	Projection
Satisfaction	☺		
Sérénité		☹	
Sécurité			☺

7. Je rencontre un problème ponctuel et bien défini.

Il ne vient pas du passé et ne va pas impacter la suite. Mais en venir à bout sera une victoire très valorisante, à coup sûr.
Par exemple, préparer un examen important.

	Passé	Présent	Projection
Satisfaction	☹		
Sérénité		☺	
Sécurité			☹

8. « Je vais bien, tout va bien… » est le mantra que se répète le personnage interprété par Dany Boon dans son sketch « le déprimé ».

Il est assez rare d'obtenir ce schéma, car de toute évidence il traduit une forme de déni ou d'arrogance mal placée.
Réfléchissez aux conséquences de continuer à vivre en appliquant la politique de l'autruche.

*

Les interprétations que je vous donne pour chacun de ces huit cas de figure peuvent être nuancées en fonction de vos propres ressentis : ayez confiance en votre instinct.

Plutôt que de dessiner des ☺ ou des ☹, vous préférerez peut-être détailler un peu ce que vous identifiez comme éléments perturbateurs. Si votre introspection a révélé des éléments que vous identifiez comme perturbateurs, autant les citer clairement.

N'hésitez pas alors à les noter dans le tableau.

Par exemple :

	Passé	Présent	Projection
Satisfaction	☺		
Sérénité		*J'ai découvert l'infidélité de mon mari*	
Sécurité			*Me séparer va bouleverser ma vie*

5. Ma vie était agréable, mais un évènement vient de surgir qui me heurte et rend mon futur instable.

Vous aurez alors probablement besoin d'aide à la prise de vos décisions, de renforcer votre confiance en vous et votre détermination pour faire face à votre famille, à peut-être changer de job, à déménager, etc.

Ou encore :

	Passé	Présent	Projection
Satisfaction	☺		
Sérénité		☺	
Sécurité			*Rumeur de délocalisation d'entreprise*

6. Jusqu'à maintenant, tout va bien, mais j'ai peur que...

Pour l'instant c'est une rumeur, essayez d'en savoir plus. En attendant, apprenez à gérer votre stress pour garder le cap au présent.
Si elle se confirme, mettez à jour votre dossier professionnel, pensez à un coaching en recherche d'emploi ou en reconversion professionnelle.
Ou peut-être envisageriez-vous de suivre votre employeur dans une nouvelle région ?
Apprenez alors à prendre la bonne décision.

*

Une troisième manière de remplir votre tableau est d'y inscrire vos émotions.

Les auteurs ne sont pas tous d'accord entre eux. Certains n'évoquent que quatre émotions de base :

1. La colère : c'est une réaction de protection. Elle résulte d'une frustration, d'un sentiment d'injustice, de la rencontre d'un obstacle, voire de l'atteinte à son intégrité physique ou psychologique.

2. La tristesse : elle est liée à une perte, une déception, un sentiment d'impuissance, un souhait insatisfait. Elle se caractérise par une baisse d'énergie, de la démotivation.

3. La peur : c'est une émotion d'anticipation. Elle est utile lorsqu'elle nous informe d'un danger, d'une menace potentielle ou réelle car elle nous prépare à fuir ou à nous battre. Elle peut aussi être liée à une appréhension, elle peut alors s'avérer stimulante ou paralysante.

4. La joie : elle est liée à la satisfaction d'un désir, la réussite d'un projet important à nos yeux. C'est un état de contentement et de bien-être qui se manifeste par de la gaîté et de la bonne humeur. Elle accroît notre énergie, notre motivation et notre confiance en nous.

D'autres auteurs y ajoutent :

5. La surprise : elle est provoquée par un événement inattendu, soudain, en lien avec un changement imminent ou par une révélation allant à l'encontre de notre perception, de nos représentations.

6. Le dégoût : il correspond à un rejet, une aversion physique ou psychologique envers une chose ou une personne, perçus comme nuisibles.

On y trouve parfois en plus le mépris, bon...
Robert Plutchik[11], lui, a fait une fleur de toutes nos émotions.

_____

[11] Vous savez, Google...

Bref, je vous propose, lors de votre questionnement d'identifier quelles sont, parmi ces six ou sept émotions celles qui s'expriment.

Ne confondez pas émotion et sentiment.
J'entends ici le fait de ne pas transformer un ressenti (instinctif) en sentiment (résultat d'une analyse souvent inconsciente de l'émotion).

Deux exemples :

Vous pouvez ressentir une grande peur (émotion) mais le sentiment ne sera pas le même si c'est au moment d'effectuer votre premier saut en parachute dont vous rêviez tant (sentiment d'excitation), ou si vous attendez le diagnostic probable d'un cancer (sentiment de désespoir).

Une immense joie (émotion) vous envahit car vous avez gagné une fortune à la loterie.
Vous pouvez alors peut-être vous sentir à l'abri du besoin pour toujours (sentiment de sécurité) ou craindre de devenir la proie de tous les profiteurs (sentiment de méfiance).

*

Utiliser vos émotions vous permettra d'avancer un peu plus rapidement dans vos réflexions si elles remplacent les 3S.

Les smileys deviennent, dans ce cas, peu pertinents, ils pourront alors être directement remplacés par des évaluations de zéro à dix pour quantifier le mal-être, comme proposé page 65.

La matrice utilisée ainsi aura donc cette nouvelle configuration :

	Passé	Présent	Projection
Colère			
Tristesse			
Peur			
Joie			
Surprise			
Dégoût			

Imaginons le cas d'une personne maltraitée durant son enfance :

	Passé	Présent	Projection
Colère		7/10	
Tristesse	5/10		
Peur	6/10		
Joie			
Surprise			
Dégoût		7/10	7/10

Comme petit exercice, je vous propose de réfléchir aux situations que cette personne a vécues et aux mécanismes qui pourront l'aider.

Encore une fois, je pense qu'il est préférable dans cet exemple de s'occuper de la colère et du dégoût existants avant de se lancer dans les méandres de la psychanalyse.
Gardez à l'esprit qu'*une émotion est un message*, qu'il faut l'écouter et qu'il faut aussi lui permettre de s'exprimer complètement.

Ignorer ou refouler ces messages finira toujours par se révéler toxique.

*

On peut donc résumer la matrice 3S de cette façon :

- Suis-je satisfait de mon passé ?
- Suis-je serein dans mon présent ?
- Est-ce que je me sens en sécurité par rapport à demain ?

Si ce n'est pas le cas, ou s'il y a un « mais » (ce qui est équivalent à un « non » comme l'écrit Marie Kondo), ce sera le point d'entrée du travail à effectuer.

Vous pouvez être pleinement conscient d'un problème : des violences durant l'enfance, vivre dans une zone de guerre ou de crise sociale ou déclarer une maladie donnent clairement des indices sur ce qui peut vous affecter. Parfois, les difficultés sont plus inconscientes, latentes, et ne se manifestent pas de manière claire. Explorer des influences extérieures ou enfouies en soi peut alors être nécessaire.

La manière dont vous voudrez progresser vous appartient. Parmi les nombreuses techniques qui existent, orientez-vous vers celles qui correspondent à vos goûts, à vos ressources ou à vos croyances.

Nos croyances sont de puissants leviers de changements.

Autant une croyance limitante peut gâcher une existence, autant une croyance aidante peut vous donner des ailes : souvenez-vous de l'histoire de Dumbo.

L'éléphanteau malchanceux reçoit d'un corbeau une plume magique qui va lui permettre de voler et de devenir la vedette de son cirque.

Mais un soir, durant le spectacle, il perd sa plume magique et panique à l'idée de s'écraser.

Pourtant, grâce à sa volonté et à son courage, il arrive à effectuer son numéro avec maestria, parce que bien entendu, il n'y a aucune magie à l'œuvre : ce sont ses compétences et sa nature qui lui permettent de voler !
Seule une croyance rendait cette plume indispensable, une croyance qui l'a encouragé à apprendre à voler.

Si je vous raconte ça, c'est parce que même une croyance aidante en apparence farfelue peut vous porter vers votre but.

Le développement personnel fourmille d'offres dont certaines font sourire, cependant, si elle touche en vous une conviction profonde qui activera votre progression, usez-en sans modération[12] !

Est-ce que votre grand-mère vient réellement vous parler depuis l'au-delà durant votre sommeil ?
Est-ce qu'enlacer un arbre vous connecte vraiment aux forces cosmo-telluriques ?
Est-ce que vous pouvez sortir de votre corps pour visiter votre futur ?

Est-ce vrai ? Sincèrement, je n'en sais rien.
Est-ce utile ? Si cela vous aide : OUI !

─────────────────────

[12] En vous préservant des gourous tout de même.

Avant de vous lancer, n'hésitez pas à en discuter avec la personne qui va vous accompagner, par téléphone, par courriel, durant un salon professionnel ou une conférence.

La confiance qui doit s'établir avec cet intervenant est fondamentale pour que vos efforts portent leurs fruits.

On considère même souvent que 30% du changement se passe uniquement dans la tête.

*

Je n'ai pas vocation, ici, à vous dire ce qui est bon pour vous. Cependant, pour mieux diriger votre choix, je vous propose les définitions succinctes de quelques outils de développement personnel, choisis de façon arbitraire[13].

Ces définitions sont soit celles couramment admises, soit ce sont celles de leurs promoteurs.

- EFT :
  EFT est l'acronyme de "Emotional Freedom Technique", en français, "technique de libération émotionnelle". Il s'agit d'une approche thérapeutique psycho-corporelle qui permet de mieux s'auto-réguler

---

[13] Et sans forcément les valider personnellement.

émotionnellement et d'apaiser voire de guérir des traumatismes psychologiques.

- EMDR :
  EMDR signifie en anglais Eye Movement Desensitization and Reprocessing, soit « désensibilisation et retraitement (de l'information) par les mouvements oculaires ». Cette thérapie repose sur le mouvement des yeux, un balayage de droite à gauche, alors même que la personne se reconnecte à l'événement traumatisant par la pensée et la verbalisation préalable.

- Hypnose ericksonienne :
  Thérapie brève qui consiste à modifier provisoirement l'état de conscience pour mieux accéder à l'inconscient. Son objectif est de donner au patient les moyens de travailler avec les informations qu'il renferme et de l'aider à résoudre son problème initial.

- Psychogénéalogie :
  Elle s'intéresse à l'influence de nos ancêtres : elle propose des thérapies "libératrices" qui mettraient en jeu ce que certains psychanalystes appellent l'inconscient familial et transgénérationnel.

- Pleine conscience :
  Elle permet de nous déconnecter de nos "pilotes automatiques". L'observation sans jugement, sans filtre et sans attente particulière permet une meilleure connaissance de soi-même et favorise la prise de recul tout en restant ancré dans la réalité.

- Taichi :
  Art martial chinois ancestral pratiqué pour ses bienfaits sur la santé et le bien-être. Il combine des éléments de méditation, de respiration profonde et d'exercices physiques doux.

- Reiki :
  Le Reiki est une approche holistique d'origine japonaise appartenant aux approches dites « énergétiques ». Il consiste à éveiller en chacun de nous un processus dynamique de guérison en intervenant sur le champ vibratoire de la personne.

- Access Consciousness® :
  La technique repose sur une cartographie de 32 points symétriques situés sur le crâne. Ces points, distincts des points d'acupuncture, correspondent chacun à un

domaine de l'existence : la communication, la créativité, l'argent, la guérison, la sexualité, l'espace et le temps etc.

En stimulant doucement ces points, deux par deux, une sorte de barre d'énergie s'active.

- Biodanza® :
Système d'intégration affective, de renouvellement organique, de rééducation affective et de réapprentissage des fonctions originaires de la vie. Ce système se fonde sur des vivencias induites par la danse, le chant et des situations de rencontre en groupe.

- Sophrologie :
Méthode psychocorporelle utilisée comme technique thérapeutique ou vécue comme une philosophie de vie.
Elle combine des exercices qui travaillent à la fois sur la respiration, la décontraction musculaire et l'imagerie mentale (ou visualisation) selon 4 principes qui sont l'intégration du schéma corporel, le principe de réalité objective, le principe d'action positive et le principe d'adaptabilité.

- Coaching de vie :
Accompagnement qui aide une personne à réfléchir profondément sur lui-même et à

agir efficacement. Le but du coaching de vie est que la personne atteigne efficacement les buts personnels qu'il s'est fixé. Un coach de vie aide d'abord son coaché à clarifier ses buts et ses valeurs.

- Référentiel de naissance® :
  Miroir qui nous permet d'ordonner notre image intérieure souvent malmenée par nos différentes expériences. Au travers de symboles et d'archétypes, le miroir du Référentiel reflète 14 parts de nous-mêmes.

- Ennéagramme :
  Il décrit neuf grands types de personnalité et leurs interactions.
  Chacun de ces types se définit par des habitudes affectives, un mode de pensée et un rapport aux autres qui,
  conjugués, aboutissent à un regard spécifique sur le monde.

- Test MBTI :
  Ce test MBTI de personnalité tient son nom de l'abréviation de Myers-Briggs Type Indicator. Il vise à calculer un indicateur de personnalité. Selon le schéma du test, il existe 16 types de personnalités différents.

- La marche :
  Les études scientifiques le montrent : il suffit d'une promenade quotidienne dans notre quartier pour obtenir un effet stimulant sur le cerveau, avec des bénéfices sur la mémoire, la créativité et l'humeur.
  On sait que l'activité physique est bonne pour notre équilibre, qu'il s'agisse de celle du corps ou de l'esprit : mobiliser régulièrement son corps semble représenter un facteur protecteur très favorable face à de nombreux soucis comme la gestion du poids, la fatigue, les troubles du sommeil ou l'anxiété...

Cette liste n'est bien sûr pas du tout exhaustive. Je souhaite surtout vous montrer que vous pouvez trouver des méthodes corporelles, énergétiques, psychologiques, plutôt sérieuses ou plutôt ludiques et même des mélanges de tout ça.

Ces brèves définitions vous permettent de constater que certaines méthodes chassent plutôt les fantômes du passé, comme l'EMDR ou la psychogénéalogie, ou que d'autres vous ancrent dans le présent comme le tai-chi, la pleine conscience ou la Biodanza®.
Enfin, d'autres techniques sont un peu plus polyvalentes comme l'EFT ou l'hypnose.

Ah oui, et puis vous pouvez aussi choisir plusieurs disciplines en parallèles...

... ou même n'en choisir aucune : vous disposez peut-être déjà de suffisamment de ressources et d'expérience pour travailler, seul, sur vous-même.

*

Pour revenir une dernière fois sur la matrice 3S, elle vous servira également de contrôle de qualité durant vos étapes de développement personnel ou simplement au cours de votre vie en repensant juste aux 3S et aux 3P : si un ☹ s'incruste trop, il faut peut-être changer d'approche, ou si un ☹ apparaît à un moment ou tout va plutôt bien, c'est probablement le moment d'agir.

*

Afin de ne pas subir comme ma cliente de la page 26 une série de *56 séances de n'importe quoi* sans comprendre que ça ne vous sert à rien, il pourra vous sembler utile de *quantifier vos ressentis* avant, pendant et à la fin de votre démarche de changement.

Page suivante, je vous propose mon *shit-O-meter*, ce que dans mon cabinet j'appelle plus professionnellement l'échelle S.U.D[14] pour Subjective Units of Distress Scale (SUDS) soit en français « échelle des unités subjectives de détresse » (ou de perturbation).

---

[14] Développée par Joseph Wolpe en 1969

Echelle des unités subjectives de détresse,
alias le « shit-O-meter » selon Philippe Korn

Grâce à cette échelle, évaluez de 0 à 10 votre ressenti lorsque vous évoquez une problématique.
0 signifie que tout va bien, donc le problème n'existe pas/plus.
10 signifie que vous êtes dans un état de malaise aliénant, insupportable et sans issue visible.

On peut estimer qu'un problème évalué au niveau 2 ou moins est tout à fait supportable au quotidien, mais vous pouvez toutefois choisir de lui tordre le cou une bonne fois pour toute en le ramenant à 0.

Pour le bien commun et la paix du voisinage, s'il vous plaît, ne surjouez pas le martyr en évaluant toutes les choses de votre vie à 10/10.

En annexe, vous trouverez la description détaillée des différents degrés de l'échelle SUD.

*

Enfin, conservez une trace écrite de vos petits tableaux, de leurs évolutions, ainsi que des notes que vous avez données à ces problèmes.
Réévaluez le tout de manière régulière pour constater le chemin parcouru, ou au contraire pour prendre conscience que vous faites fausse route.

*

Conclusion

Prendre conscience de soi puis décider de changer des choses en soi et autour de soi est une aventure qui demande du courage, de la confiance et de l'endurance : bravo !

Puisque ce chemin est plutôt long et escarpé, j'espère que ces pages auront retiré quelques embûches de votre route.

Encore merci de m'avoir lu, je vous souhaite d'enthousiasmantes découvertes.

Philippe Korn

Annexes

Pour être un peu plus sympa avec vous, je vais tout de même vous expliquer rapidement qui sont les différents auteurs cités dans ce livre :

Abraham Harold Maslow (1908 - 1970) est un psychologue américain, considéré comme le père de l'approche humaniste en psychologie. Il est connu pour son explication de la motivation par la hiérarchie des besoins humains, souvent représentée par la suite sous la forme de la fameuse pyramide de Maslow.

Marie Kondō (née en 1984), est une consultante, personnalité médiatique et essayiste japonaise, spécialisée dans le rangement (*home organizing*) et le développement personnel.

Robert Plutchik (1927 – 2006), est un professeur et psychologue américain. Ses recherches et ses publications ont porté sur les émotions, le suicide et la violence, ainsi que la psychothérapie.

Albert Einstein, (1879 - 1955), est un physicien. Il est probablement le scientifique le plus célèbre du XXe siècle. Il a publié beaucoup de travaux de toute première importance, dont la fameuse théorie de la relativité.

Léon Tolstoï (1828 - 1910), est un écrivain russe. Il est célèbre pour ses romans et ses nouvelles qui dépeignent la vie du peuple russe à l'époque des tsars, mais aussi pour ses essais, dans lesquels il condamne les pouvoirs civils et ecclésiastiques.

Bernard Werber (né en 1961), est un écrivain français. Il est notamment connu pour sa trilogie des Fourmis. Son œuvre, traduite dans une trentaine de langues, fait se rencontrer spiritualité, science-fiction, polar, biologie, mythologie, etc.

Antoine de Saint-Exupéry (1900 – 1944), est un écrivain, poète, aviateur et reporter français.

Milton H. Erickson (1901 – 1980), psychiatre et psychologue américain qui a joué un rôle important dans le renouvellement de l'hypnose clinique et a consacré de nombreux travaux à l'hypnose thérapeutique.

*

La détermination d'objectif

Avant de commencer quoique ce soit, il faut d'abord savoir ce que vous souhaitez obtenir, trouver **ce que vous voulez vraiment** !

Pour vous y aider, voici deux modèles utilisés pour la détermination d'objectif.

*

Pensez **SMART**.

Il s'agit d'un acronyme pour :

- **S**pécifique.

  Votre objectif doit être spécifique, *positif*, sans négation et vous concerner vous-même.

  Pas de « je veux être heureux », « je veux que Sandra m'aime », « j'en ai marre de mon job », « je suis trop gros ».
  Réfléchissez plutôt à ce qui peut vous rendre heureux, à ce qui va attirer Sandra, quel emploi vous conviendra mieux et souhaitez « mincir ».

- **M**esurable.

Vous devez avoir une unité concrète pour mesurer *votre progression vers votre objectif.*

Vous voulez augmenter vos revenus, OK, de combien ? De 1000 Euros par mois.
Vous voulez mincir ? Oui, de 10 kilos.
Faire du sport ? Oui, 2 heures par semaine, pour le moment j'arrive à en faire entre une heure à une heure trente, bravo persévérez !

- **A**tteignable.

Votre objectif doit être raisonnable et adapté à votre personne.

Si vous pesez 48 kilos, vouloir perdre 10 kilos est extrêmement dangereux.
Si vous désirez gagner un million d'euros dans les prochaines 48 heures, c'est spécifique et mesurable, mais pas vraiment raisonnable.

- **R**éaliste.

Disposez-vous des ressources nécessaires ? Quelles sont-elles ? Argent ? Compétences ? Équipement ? Devez-vous en acquérir d'autres ? Lesquelles ?

Vous êtes peut-être déjà un cuisinier hors pair, avec un budget confortable et tout le matériel nécessaire, mais avant d'emménager à Londres pour ouvrir votre restaurant de cuisine française, vous avez peut-être besoin de 6 mois de cours d'anglais intensif ?

- **T**emporel.

  Milton Erickson, grand précurseur de l'hypnose moderne, a écrit : « un projet sans date reste un rêve ».
  Définissez des dates et des délais.
  Vous en aurez besoin pour évaluer l'avancée de votre projet et l'adapter en cas de besoin.

*

Pensez **SCORE**.

- **S**ituation.

  Quel est le symptôme, la situation ?
  Exprimez clairement ce qui se passe dans votre vie, ce qui ne va pas, ce que vous voulez *changer*.

- **C**auses.

  Pourquoi vivez-vous cette situation ?
  Quelle en est l'origine ?

- **O**bjectif.

  C'est important de bien cerner ce qui ne va pas, mais c'est indispensable de savoir où vous voulez arriver.
  Formulez cet objectif de manière spécifique, positive et précise.

- **R**essources.

  Faites l'inventaire de ce dont vous avez besoin, de vos acquis et de ce que vous devez acquérir en plus.

- **E**ffet.

  Projetez-vous dans l'avenir, une fois votre projet lancé ou votre objectif en vue.
  Qu'est ce qui se passe, comment ça se passe, avec qui ?
  Qu'est-ce qui a changé ?
  Que ressentez-vous ?

*

Les degrés de l'échelle SUD

Les degrés d'intensités de l'échelle SUD sont communément décrits comme ceci :

10 = Se sentir insupportablement mal, à côté de soi, incontrôlable comme lors d'une dépression nerveuse, accablé, au bout de sa vie. Vous pouvez vous sentir si contrarié que vous ne voulez pas parler parce que vous ne pouvez pas imaginer comment quelqu'un pourrait comprendre votre agitation.

9 = Sentiment de désespoir. Ce que la plupart des gens appellent un 10 est en fait un 9, se sentant extrêmement effrayé au point qu'il se sent presque insupportable et vous commencez à avoir peur de ce que vous pourriez faire. Se sentir très, très mal, perdre le contrôle de ses émotions.

8 = Flippant. Le début de l'aliénation.

7 = Commence à paniquer, au bord de certains sentiments définitivement mauvais. Vous pouvez difficilement garder le contrôle.

6 = Vous vous sentez mal à tel point que vous commencez à penser qu'il faut faire quelque chose à propos de ce que vous ressentez.

5 = Modérément bouleversé, mal à l'aise. Les sentiments désagréables sont encore gérables avec un certain effort.

4 = Quelque peu contrarié au point que vous ne pouvez pas facilement ignorer une pensée désagréable. Vous pouvez vous en sortir, mais vous ne vous sentez pas bien.

3 = Légèrement bouleversé. Inquiet, ennuyé au point que vous le remarquez.

2 = Un peu bouleversé, mais pas perceptible à moins que vous n'ayez pris soin de prêter attention à vos sentiments et de réaliser ensuite, « oui », il y a quelque chose qui me tracasse.

1 = Pas de détresse aiguë et se sentir fondamentalement bien. Si vous avez fait un effort particulier, vous pourriez ressentir quelque chose de désagréable, mais pas grand-chose.

0 = Paix, sérénité, soulagement total. Plus d'anxiété d'aucune sorte à propos d'un problème particulier.

*

Qu'est-ce qu'un gourou/une gourelle ?

Ce mot apparaît plusieurs fois au fil de ces pages. Bien entendu, je n'évoque pas là un Maître spirituel dans la religion brahmanique, ni un mentor, mais plutôt une personne malveillante qui veut prendre l'ascendant sur les autres.

Comme je l'ai écrit précédemment, une démarche de développement personnel débute souvent à la suite d'une remise en question ou à d'un choc. C'est dans ce contexte de fragilité que le gourou pointe très souvent le bout de son nez.

Il me semble donc que vous donner quelques indices sur qui il est vous permettra de déjouer quelques pièges :

- Le gourou a toujours raison, il détient la vérité, personne ne peut le remettre en question. Il a d'ailleurs réponse à tout.

- Le gourou exerce seul l'autorité, il emporte toujours la décision finale, malgré de possibles simulacres de concertations.

- Le gourou en veut à votre argent, souvent dans des proportions inquiétantes. Si vous n'avez pas assez d'argent, il trouvera des petits arrangements, comme vous demander de recruter de nouveaux adeptes, de travailler gratuitement, ou de payer de votre personne d'une autre manière.

- Le gourou vous isole. Il vous éloigne de vos proches, de vos habitudes, et vous accueille dans une nouvelle « famille ». Il entretient souvent une parano envers ceux qui ne font pas partie de son cercle (vos amis, votre famille, votre employeur, l'état, la société, etc.).

- Le gourou cherche à vous convaincre d'éléments qui ne faisaient pas spontanément partie de vos croyances ou de vos habitudes, au point parfois d'en ressentir un certain mal-être. La plupart du temps, ces choses sont extravagantes et parfois même hors-la-loi.

- Le gourou ne veut pas que vous partiez. Il va vous promettre monts et merveilles pour vous retenir, et si ça ne fonctionne pas, il va tenter plusieurs sortes de stratagèmes : affectifs ou carrément coercitifs.

Soyez attentif si une personne présente deux de ces caractéristiques.
Si une personne en présente trois ou plus : méfiance !

Même si la plupart du temps le gourou n'est qu'un charlatan qui vend des solutions bidon à prix d'or, les dégâts engendrés peuvent s'avérer considérables et parfois même irréversibles pour vous.

Voilà : une personne avertie en vaut deux.

*

Photos et dessins
libres de droits :
Pixabay.com

sauf

page 56
© Walt Disney production

page 66
dessin de l'auteur

Sur internet :

FSC
www.fsc.org
MIXTE
Papier issu
de sources
responsables
Paper from
responsible sources
FSC® C105338

Édition : BoD – Books on Demand, info@bod.fr

Impression : BoD – Books on Demand,
In de Tarpen 42, Norderstedt (Allemagne)
Impression à la demande
ISBN : 978-2-3224-8764-6

Dépôt légal : Octobre 2023